고단하고 외로운 삶

물고기처럼 눈을 뜨고
그대를 본다

글/그림/사진 이 어 _____

/ Prologue

 쉬흔 살이 한참 지났다. 초저녁부터 잠이 밀려와서 이렇게 나이가 드는구나 생각하며 일상을 보냈다. 그런데 글을 쓰면서부터는 잠이 드는 시간이 아깝다는 생각을 하게 됐다. 시험공부가 인생의 최대고민이었던 시절에도 잠을 아깝다고 여긴 적은 없었다. 졸리면 그냥 자는 거였다. 책상에 엎드린 잠은 어찌나 달콤한지...

 원고를 마무리하면서 졸린 눈꺼풀에 당황했다. 한두 시간만 더 보면 정리가 될 것 같은데 바로 누워야 하는 오십대 밤의 육신이 새삼 확인됐다.

 어찌어찌 원고를 마감했고 생애 첫 시집을 만들었다. 잘 썼는지 어떤지는 모르겠다. 내 글을 누가 선택을 하고 읽을는지에 대한 확신도 없다. 그저 내 안에서 떠돌던 말들을 건져낸 것만으로 다행으로 생각한다. 내 작고 작은 생에서 이렇게나마 책을 만들었다는 게 그저 신기할 따름이다.

 나이 때문인지 고단한 이야기를 많이 한 것 같다.
 일찌감치 자리에 누워서 잠들기 전 공상을 주로 쓴 것 같기도 하다.

다만 이 세상에 태어난 이유로 누군가에겐 도움이 되고 싶다는 마음을 살며시 펼쳐 보았다. 어떤 이유로든 힘든 이가 이 글들을 읽고 위로를 조금이나마 얻었으면 좋겠다는 작은 소망이다.

 농밀한 물터에서 부레에 의지하고 떠올라 지느러미를 끝없이 움직여 살아내는 물고기처럼, 사람인 우리는 산화되는 공기 속에서 열심히 저항하고 버티며 살고 있으니까 힘든 거라고 생각한다. 너나 할 것 없이, 모두 위로가 항상 필요한 외로운 군상이다. 눈빛이든 말 한마디든 작은 손짓이든-우리 서로에게 다정하게 위로를 건넬 수 있어야 한다.

 마땅히 건넬게 부족한 나는 미숙한 글로나마 누군가를 또는 나 자신을 위로하고 싶었다. 변명을 하고 싶기도 했다. 어딘가엔 분명 그런 말도 쓰여 있다.

 시를 쓰게 돼서 다행이다. 조금은 안정감을 얻었고 후련하기도 하다. 이 글을 읽는 누군가도 그런 기분이 되기를 바라본다.

2025.

이 어

첫 번째,

12 ——— 강을 생각하다
13 ——— 새벽에
14 ——— 별
15 ——— 그리운 마음
16 ——— 대부분은 소리개처럼 온다
18 ——— 몽돌
20 ——— 쉼
21 ——— 가끔 주저앉고 싶을 때가 있다
22 ——— 들꽃처럼 사랑받았다
24 ——— 밝고 빛나고 반짝거리다
25 ——— 조용한 오후 아무것도 없어
　　　　그냥 음악만 있는 거야
26 ——— 생은 반짝이고 나는 이제 돌아갈 시간
27 ——— 샤워
28 ——— 본질로 살기
30 ——— 밥상
31 ——— 뒷모습
32 ——— 골짜기의 바람
34 ——— 너를 낚아챈 소리개(소리개가 빙빙)
35 ——— 포구에서
36 ——— 악한 시대를 지나왔다

두 번째,

40_____ 이심전심
41_____ 물고기처럼 눈을 뜨고 그대를 본다
42_____ 골짜기 꽃 피다
43_____ 여행
44_____ 즐기세요
46_____ 삶은 어쩌면 단순할 것 같다
47_____ 지나간 사랑
48_____ 녹색애綠色愛
49_____ 봉식이 닮은 사람
50_____ 기차역
51_____ 여름, 꽃이 피었습니다
52_____ 심연에 닿다
54_____ 오래된 수건
55_____ 이대로 있다가는
56_____ 없어도 된다
58_____ 기도
60_____ 신이 보이지 않아서 다행이다
61_____ 나에게로
62_____ 엄마 생각
63_____ 고운 사람

세 번째,

66 ─── 고단함
67 ─── 자유
68 ─── 고요의 강이 있을까
69 ─── 별을 보다
70 ─── 광야
71 ─── 타르
72 ─── 고요하게 비워내기
73 ─── 아무것도 아닌 어느 날
74 ─── 괜찮다
75 ─── 그렇게 가면
76 ─── 백억 년의 세월이
77 ─── 겨울밤에
78 ─── 나는 어느샌가 큰 그릇이 되어 있을까
79 ─── 오늘
80 ─── 비 오는 날
82 ─── 객이 되었다
83 ─── 맘속 이야기
84 ─── 소라 껍데기
85 ─── 작다
86 ─── 바람이 났었다
88 ─── 외로움에 관한 내공
89 ─── 성탄절

네 번째,

92 _____ 곧 꽃이 피려나봐
93 _____ 오늘의 슬로건
94 _____ 가을 산책
95 _____ 그때 마음이 그랬어
96 _____ 이삿짐
97 _____ 코스프레
98 _____ 홈쇼핑
99 _____ 겨울나무
100 _____ 꽃을 보내소서
102 _____ 낙엽
104 _____ 가을 나무
106 _____ 넌 외롭지 않니
107 _____ 밥 먹자
108 _____ 나무그늘 아래
109 _____ 눈
110 _____ 그저 그런 편
112 _____ 기쁘게 웃으면 됐다
113 _____ 거리에서
114 _____ 작고 소중한 생
115 _____ 별 하나

첫 번째,

강을 생각하다

깊은 밤에
달리던 걸음 내려놓고
길게 드러누워 하늘을 바라보는
강을 생각한다

숙명인 듯 멈추지 못하는 강줄기는
모두가 잠든 칠흑의 밤에는
아무도 모르게 쉴 수 있지 않을까

별빛 흐르는 밤하늘을 마주하고
너희도 어서 잠들라며

가슴에 내려앉은 달을 끌어안아
자장가처럼 얕은 물소리를 내어
안식하기를

검고 부드럽고 조용한 밤엔
묵묵히 흐르는 강줄기도
고요히 잠들어 평안한 대기

새벽에

마음속 작은 정원에서
오늘을 다듬어 봅니다
삐죽삐죽 올라온 잡초를 뽑아내고
순하게 돋아나는 소중한 새싹들을
잘 고르고 골라
키워냅니다

맑은 물 흠뻑 마시고
햇살 좋은 곳 바라보며
마음둑 무너지지 않게
다독이며 움을 돋웁니다

오늘의 정원엔
나비가 날아올 것만 같습니다
한없이 가볍게 날아올라
고운 하늘에 물들어 보렵니다

별

도시는 멀어
밤은 칠흑이다

기척 하나 없이
고요한 사위에
잠 못 드는 밤을 감도는
작은 별빛 속삭임

천공을 넘어
너를 만나
친절한 친구인양
무수한 수다를 쏟으면

미련도 미움도 스르르 녹아
노곤하게 밀려드는
깊은 잠 한줄기

잘 자라는 인사 없이
먼저 잠드는 나를
오늘도 용서하길
하늘의 벗

그리운 마음

그리운 이들이 많다
다시 만나고 싶은
엄마 아빠
할아버지 할머니
함께 놀던 친구들

가물거리는 잠 속에서
가슴속 솟구치는 그리움
선연히 드러나는
애틋한 마음
그래서 슬픈 밤

다독이며
슬픈 나에게 말을 건넨다
어떻게 다 보고 살겠어
생각나면 할 수 없지
그리운 마음인 거야

대부분은 소리개처럼 온다

맑고 푸른 하늘 위에
뭉게구름 가득
코끝을 간질이는
감미로운 풀향기
팔랑이는 나비들을 좇아
발장난 치며
한가로운 햇살을 즐기는
바로 그때

하늘을 가르고
내려 꽂히는
소리개 한 마리
보드라운 등을 낚아챈다
비명을 지를 새도 없이
발버둥 치며
하늘로 하늘로

대부분은 소리개처럼 온다
내 얼굴을 본 적도 없고
내 말을 귀담아들은 적도 없다

너에게 등을 보인 나
단 하나

몽돌

무심한 파도가
거친 손을 펴고
세차게 밀어낸다

지치지 않고 휘몰아치는 파도에
옆구리를 부딪쳐
한 줌 허리가 갈려나갔다

어제 깎인 어깨가
아직 쓰라리다

잠시 가만히 눈 감아
따뜻한 햇살로
몸을 단장하고 싶다

모난 이대로
잘그락거려도 좋으련만

가슴을 가로지르는
진줏빛 무지개가
한껏 뿜어지려 하건만

파도는 부질없다며
어서어서 나를
다듬으라 한다

쉼

깊은 잠을 잔 후
한밤중에 깨었다
미련도 없이 친밀하게
어둠을 감싸고 흐르는 공기

어느 시절이었던가
뒤척이며 번뇌를 끌어안던
두터운 밤의 장막이
결코 광야가 아니었음을

작은 별들의 반짝임과
달을 바라보는 꽃송이의 흔들림과
풀벌레들 소곤거림이
대지의 포옹으로
나를 감싸는 호흡이었음을

감미로운 단 하나의 안식

가끔 주저앉고 싶을 때가 있다

답이 없을 때가 있다

아무리 궁리를 해봐도
결코 해결이 되지 않는다
세월 속에서
잠식을 지켜봐야 한다

한참을 서 있다가
그대로 털썩 주저앉는다
손을 땅에 짚고 고개를 떨구며
머리카락을 흩뜨린다

눈물은 흐르지 않는다
눈꺼풀로 충혈된 눈을 덮은 채
그저 한동안 앉아 있다가

다시 일어나리라
언제나 그랬듯이

들꽃처럼 사랑받았다

태양이 찬란했고
바람이 불어와 상쾌했고
어깨를 맞댄 이웃에게 기대어
쓰러지지 않았다

이른 비와 늦은 비가
땅을 적시고 봉오리를 닦아내어
소박한 얼굴 펼치고
마음껏 웃었다

생의 넓은 들판에서
높은 하늘 구름 구경도 좋았고
나비들 작은 새들 전하는
세상 이야기도 신기했다

하루하루 열심히 웃고
매일의 별들과 반가운 인사를 하다 보면
한 계절 두 계절 은하수가 흐르고
작은 생도 바쁘게 지나갈 테니

뿌리내린 보드라운 흙으로
한 줌 되어 돌아가면
딱 좋은 거다

밝고 빛나고 반짝거리다

상처가 많았다

보듬고 닦아내도
흉터가 남았다

사랑하는 사람들 틈에서
한껏 눌리고
이리저리 깎였다

속상하고 슬픈 마음이
자꾸 밀려 올라와서
눈물이 떨구어졌다

흐르는 눈물이
진귀한 보석인 양
밝고 빛나고 반짝거렸다

조용한 오후
아무것도 없어
그냥 음악만 있는 거야

햇살은 따뜻하고
마당과 방들은 조용하기만 해
오빠들은 학교에서
아직 돌아오지 않았고
엄마는 옆집 아줌마랑 시장엘 가셨지

고개를 이리저리 돌릴 것도 없이
오래된 레코드가 눈에 들어왔어
턴테이블 바늘을 들고
까맣고 둥근 판위에 살며시 내려놓았어
주위에 음악이 가득 채워졌지

오늘은 전축도 레코드도 없지만
머릿속에 음악만 흐르고 있어
그 옛날의 부드러운

생은 반짝이고
나는 이제 돌아갈 시간

물결 반짝이는 호수처럼
생의 기쁨이 빛나던 대지에서
이제는 고개를 돌려
평안의 언덕으로 발걸음을 옮긴다

보존된 질량처럼 기쁨이 팽배하던 시간
존재의 모습 그대로 빛나는 언덕

기웃거리며 희구하던 열정의 희락은
더 이상은 내게 맞지 않는 옷이 되어
미련도 없이 머뭇거림도 없이
멀리 던져버리고

밑창 부드러운 단화를 골라내듯
내게 맞는 평안을 찾아
가볍게 발걸음을 옮겨 놓는다

말동무 되어주는 그대가 있다면
생이 나에게 주는 멋진 선물

샤워

몸이 안 좋다
맑지 못한 날씨 같다
마음에 그늘이 드리워졌다

엄마의 부드러운 눈을 보고 있으면
어느새 힘이 나니까
엄마를 보러 가야겠다

아, 엄마 돌아가셨지...

힘겹게 몸을 일으켜 샤워를 한다
머리를 감고 양치를 하고
거울을 들여다보며
이쪽 저쪽 얼굴을 닦는다

거울에 비치는 모습이 제법 말끔하다
웅얼거리며 혼잣말을 해본다
씻으면 좀 나아

본질로 살기

하늘 아래 사람으로
더러워진 나조차 받아내는 땅 위에 서서
거짓과 가식을 버릴 수 있기를

순수의 미소를 띠고
열린 눈동자를 반짝이며
동그랗고 푸른 세상과 소통하기를

시름하며 죽어가는
생명들의 서글픈 마음을
한 줄 시로 노래할 수 있기를

소망의 파도를 일으키며
한 걸음씩 용기로 발을 내딛고
작은 성취의 기쁨을
소중히 간직하기를

허무한 군상
모든 게 무너질 때
지존자를 우러러 기도할 수 있기를

찬란한 세상 속에서
사랑 한 조각 얻어 행복했노라고
고백할 수 있기를

밥상

밥그릇 하나 더
숟가락 하나 더
반찬도 두 배로 접시에 담고
나와 널 위해 밥상을 만든다

지구에서 만난 소중한 사람
언제든 어디서든
헛헛하지 않게

나눌 수 있는 착한 마음이 있어
얼마나 다행이냐는
위로를 토닥이며

오늘도 든든하게
너와 나의 하루를 채우자

뒷모습

네 뒷모습이 짠하다

세상 속에 드리운
너의 실루엣
한 점인 듯 선인 듯
작고 미약하다

나도 그렇다

달려가 사랑할 수 밖에

골짜기의 바람

오늘도 내 낮은 골짜기에서
바람이 불어온다

산들거리는 옷자락
흩날리는 머리칼을 내버려 둔채
멀리 하늘 끝자락으로 눈을 들어 올린다

가야할 곳은 거기
여기에 아직 있는 이유
사랑하라 사랑하라

모든 죽어가는 것들
시름하는 한숨들
영을 거스르는
고통스러운 신음들

아직도 풀지 못한 숙제가 남아
더듬으며 주춤거리며 머무른 이곳

끌어안으라
팔을 벌려 온정을 쏟으라
마음을 열어 눈물을 흘리라

속삭이는 목소리를
외면하지 않으며
한발짝 내딛는 어느 하루

너를 낚아챈 소리개
(소리개가 빙빙)

등을 낚아챈 소리개
나일줄이야
저 지붕밑에 숨어야 했다
그랬어야 했다

아무리 뇌까려봐도
등을 파고든 발톱은
펴지질 않는다

발버둥치며
고개를 돌리니

또 하나가 있다
그리고
다른 하나가 있다

포구에서

밀물 되어 채우지 마라
이대로 도요새의 총총한 기쁨을
빠꼼히 눈뜬 갯벌의 분주함을
하염없이 바라보고 싶다

썰물 되어 나가지 마라
이대로 갈매기의 펼쳐진 날갯짓을
충만한 평안의 윤슬을
수평선 끝까지 바라보고 싶다

마음 헛헛하여
한없이 달려오다 멈춘
금강 포구에서

악한 시대를 지나왔다

무엇이 떨어지게 했는가
답을 들을 수 있는가
악한 바람

설익고 푸르러
하늘빛만 바라보던 그때
질투하는 메마른 바람

흔들고 부러뜨려
내동댕이 치는가

바닥에 닿았는가
이대로 누운 채
싹을 틔울 수 있는가

동정하는가
악한 시련자여

지존자에게 손을 내밀어
다시 오를 수 있는가

어디를 휘감아올라
고개를 들 수 있을까

떨어지고 바로 설 수 없는
골짜기에서

두 번째,

이심전심

밤새 비가 왔다
도로가 까맣게 젖어 있다

햇살의 기억은 보이지 않고
두터운 구름이 회색으로 물들어 있다

창문너머의 공기가
생수마냥 내 호흡으로
흘러 들어왔다

내 마음속에도
비가 오고 있었나 보다

물고기처럼 눈을 뜨고 그대를 본다

물고기처럼 눈을 뜨고
그대를 본다

삶의 파고는 여전히 거세고
헐벗은 모습으로 떨고 있는 그대가
물고기처럼 비쳐든다

내 얼굴에 부딪쳐오는 탁류에
몸을 돌려 피하지만
그대는 여전히
힘한 파도를 거스르며
온 힘 다해 발버둥 치고 있다

거꾸로 강을 거슬러
한 올 한올 빛나는
철갑 비늘을 얻을 때까지

골짜기 꽃 피다

차갑고 낮은
얼굴의 느낌
고개를 들려 해도
어깨에 힘이 없다
작은 손길로
잠시만 나를 받쳐준다면
눈을 뜰 수 있을 텐데
소망 한 잎새

깊은 한숨 몰아내니
바람 한줄기 휘감아 돌아
가슴을 훑으며 지나서
등줄기를 어루만진다

맑은 바람은 거기 있었다
한숨이 시린 자리

낮은 이곳에
부서져 내리는 햇살바람
땅을 비추고 손을 뻗어
어느새 활짝 피어난
두 볼에 입맞춤

여행

낯선 너에게 가고 싶다
동그란 눈동자를 만들어
낯선 나를 보여주고 싶다

케케묵은 내가 아닌
신선하고 친절한
네가 모르는 나

그 속에서
새로운 용기를 끌어올리고
다독여진 길을 만난다

내 사랑하는 사람은
나를 항상
여행처럼 맞아주기를

즐기세요

모두 축제를 즐기세요
인생의 기쁨
젊은 날의 환희
풍요의 충만함
능력의 존귀함
주시는 귀한 축복입니다

나는
나에게 주어진
깊고 고요한 이 자리
낮고 겸허한 이곳에서

평안의 소중함
고독의 친근함
연약한 모든 것들의
작은 속삭임을 누리겠습니다

보이시는
이슬방울 반짝임을 등대 삼아
고운 결 나무로 만들어
잘 익은 돛단배를 타고
일렁이는 생의 물결을 저으며

쪽빛 홍화빛 치자빛
색색으로 물들인 명주실로
하얀 무채색 삶의 여백을
한 땀 한 땀 수놓아 갑니다

삶은 어쩌면
단순할 것 같다

한밤의 고요
작은 조명등 하나
부드러운 이불
맨발의 휴식

옆사람의 코골이
새벽을 여는 애국가
지금 이것으로 감사

삶은 어쩌면
단순할 것 같다

지나간 사랑

지나간 사랑은
어디쯤에서 기억해야 할까

설레던 첫 만남
기대가 가슴을 끌어안고
나는 듯 가볍던 발걸음

살랑거리던 바람결
무르익기 전에 엇갈리고

빛나던 미소는 이제
희미한 주름을 드리우는데

어디로 돌아가면
꽉 찬 행복으로
너를 부를 수 있을까

녹색애 綠色愛

진녹색 커피숍
녹색 잔에 담긴
나무색 커피 한 잔

녹색을 바라보고
나무색을 마신다

나무색에 입술을 담그고
녹색에 눈맞춤한다

혀끝에 감도는
녹색향

너를 사랑하는 나

봉식이 닮은 사람

모퉁이 돌아 우연한 시선에
스윽 들어온 너
흐르는 시간은 어디로 간 걸까
아직 낯설던
그때의 너

소멸하는 거품처럼
떠나버릴 때
영원은 나의 기억에만 머물고
슬픈 인어 동화처럼
공기가 되어

다시 모퉁이를 돌아설 땐
널 닮은 타인으로

내가 알고 그리웠던 봉식이는
거품으로 날아갔으니

허물을 벗은 듯 새롭게 시작된 날에
단단히 밟은 지존자의 땅에서
기쁜 생을 춤춘다

기차역

낯설게 너에게 다가간다
두리번거리며 살펴보고
난 여기에 속하지 않았다며
안도한다

나에게는
긴 터널을 지난
나만의 안식처가 있음을

작고 소박한
나의 공간은
간이역의 대합실이 아니라고

금세 떠날 듯
선뜻 짐을 놓지 않고
잠시 걸친 듯
긴 의자 끝에 앉아
생경한 얼굴로
깨어 있다가

곧게 뻗은 나의 선로로
달려 나가리라

여름, 꽃이 피었습니다

한 세대 또 한 세대가 스치듯 지나가고
뜨거운 햇살이 대기를 지지는 이 여름은
올해에도 어김없이 돌아와
무궁화 꽃은 다시
지천으로 피었습니다.

생채기 남기던 시간조차
수레바퀴처럼 흘러
가슴치게 먹먹한 기억만을 남기는데

험악한 세월 속에
눈물도 절규도 사치였던
꽃보다 보드라운
소녀인 그대들

눈부신 햇살 아래
삼천리 화려강산 가득 채우는
꽃향기 맡으며

댕기머리 드리우고 보송하게 웃음 짓는
고운 꿈을 꾸소서

심연에 닿다

그녀는
심연에 닿았을까

내려가고
내려지고
누르고
당겨져서

원하는지 원하지 않는지 모를
어둡고 본질인 그곳에 닿아

마음이 원해서 닿았다는
고백을 할 수 있을까

이상향은 무엇일까

폿대에 꽂은 깃발
하늘을 향해 손을 흔드는
강렬한 희망

혹은
땅을 밟고 흙을 움켜쥐는
본질로의 회귀

오래된 수건

퇴색하는가
이대로 한 점 빛 없이
명멸하는가
색은 바래고
올은 느슨해져
먼지가 되어
스르륵 부서지며
기억 속에서
사라지는가

오래되어 소중한
나의 무엇

이대로 있다가는

따뜻하지만 어두운 이곳
이대로 있다가는
깊은 동굴 물고기처럼
퇴화될지도 몰라

어디선가 들려오는 경고음
문밖을 디딘 후 쏟아지는
찬란한 햇빛의 조언이

살 속에 남아서
전류처럼 등줄기를 타올라
각성되는 어느 오후

없어도 된다

네가 없어도 된다
습관처럼 찾는
애정 친근함 대화

외로움과 상실에 대한 두려움이 부른
어떤 관계

네가 아니어도 된다
의지하던 마음을 약점으로 이용하는
간악한 너

네가 빠져나간 자리
잠시 휘청거리지만
한동안 슬프지만

마음을 나누고
반짝이는 눈빛을 나누는
상냥한 친구는
여전히 저만치에서
부드럽게 안부를 묻는다

네가 아니어도 되는 거다
나를 옥죄던 불순한 마음
잘 가라

기도

마주 대인 손이
심장인 듯 떨립니다
어디를 향하는지
눈을 감은 채
입술을 움직여 빌고 있습니다
애절한 기도 한 가닥을

어리석은 내가 아닌
무지한 내가 아닌
힘없는 내가 아닌

어느 권능자
어느 지혜자
어딘가에 계신 창조의 그분에게

손바닥이 붙으면 이루어질까
맞잡고 꼭 쥐며
기도합니다

눈물이 흐르고
가슴이 미어져
말이 아닌 소리가 될 때까지
기도하고 또 기도합니다

타는 마음이
까마귀 되어 날아갈 때까지
엎드립니다

신이 보이지 않아서 다행이다

신이 보이지 않아서 다행이다
어두운 얼굴로
마주 보고 얘기하지 않아도 되니까

눈을 감거나
혹은 뜨거나
그냥 마음으로 얘기하면 되니까

신에게는 내 고운 모습만 보이고 싶다
원죄를 짓기 전
지존자만을 바라보던 순수의 시대

온전히 그의 말씀만 귀담아들어
심부름 잘하는 아이처럼
달려가 순수의 깃대를 꽂는
투명한 자아

모든 것을 이미 아시는 그분께는
진실되고 좋은 모습만 보이고 싶다

나에게로

나의 모든 수치를 가릴 수 있을까
지나온 세월 속에서
악몽처럼 벌거벗겨진 마음
어리석게 쏟아냈던
몸짓들 말들

원죄의 어머니 이브에게
내 모든 죄악을 돌릴 수 있을까

네가 유혹했는가
뱀의 모양을 가진 사탄
창조주 앞 미물에게
유린당하고 짓밟혔는가

나의 아름다운 시절을 찾아
잃어버린 길을 더듬어
나에게 간다

엄마 생각

찬바람 불고 손이 시려운 날
이불속에서 웅크리며
엄마 가슴에 담기는 상상

깜깜한 겨울 깊은 밤
별과 같은 엄마는
아직도 날 가슴으로 품을 것만 같은데...

북쪽 바람은 웅웅거리며
굳게 닫힌 창문을 흔들고

포근하게 안기고 싶은
한겨울 시린 마음은
어깨를 덮은 솜이불에
한껏 기대고 있지만

엄마 품이 자꾸 가물거려

옥상에 올라가 별을 세어 볼까

고운 사람

그대의 상냥한 마음에 닿고 싶어요
보이지 않게 고개를 떨군
작은 꽃잎처럼 웅크린 마음
모두 펼쳐지도록

고운 잇속 보이며 미소 짓는 얼굴로
내 깊은 그늘도 몰아내 주길

밝고 빛나는 그대의 모습만으로
부서진 얼음 조각 내 마음 파편들
모두 안녕

세 번째,

고단함

고단하다

여름 햇빛 머금어
널따랗게 펼쳐진 생의 가지들
가을 나무처럼 힘을 빼내고

열매인 양 엉겨 붙은 욕심 방울 모두
훌훌 털고 불어내어
고이 고이 접어두고 싶다

힘겨운 고갯짓 내려놓고
겨울 빈 들 고요한 땅에서
영글어 떨어진 곡식으로 깃털을 빛내는
고즈넉한 새처럼

이제는 안식하며
멀리 눈 들어
생의 수평선을 바라보고 싶다

자유

그 모든 것은 올무가 될 수 있다
반드시 해야 하는 건 없다
눈을 감고 흘려보내면
새로운 바람이 불어온다

손을 펼치고 가슴을 펴보면 안다
나에게 도달한
새로운 바람 새로운 햇살

아름다운 노래가
들려올 수도 있다

생의 물결은
다시 나를 이끌어
드넓은 자유를 누리라 한다

고요의 강이 있을까

고요히 흐르는 강이 있을까

물결 반짝여 아름다운 강가
감돌고 흐르면 다다르는 여울목

이내 돌아 나와 빨라지는 물결은
어느새 성이 나있다

굵은 허리춤에 마음 놓아
휩쓸려버린 나뭇잎 배처럼

아직도 헤아릴 수 없는
큰 강줄기 하나

별을 보다

거친 들판에 바람이 붑니다
마음속 호수가 일렁입니다

시선을 뺏기지 않고
머리를 듭니다

구름이 가렸어도
별이 있는 곳을 봅니다

길을 잃고 바라보는
별의 자리가 있습니다

눈을 들어 보고픈
작은 반짝임이 있습니다

오늘의 바람을 보내며
별의 마음을 노래합니다

광야

지평선 보이는 광야 언덕
바람 한 조각 불어와
모래 알갱이 흩뜨린다
옷자락이 흔들려
나비라도 된 양
한걸음 나풀거린다

목이 말라 적시는 한 모금 물로 맛보는
가장 달콤한 휴식

거추장스럽지도 않은 봇짐을
콧노래로 흔들며
오늘도 저만큼 걸어보자

황무한 땅을 넘어
초록이 폭신한 땅을 밟아
두 팔 벌려 생을 노래할 때까지

타르

인생 어딘가 붙어있는 불쾌함

손이 닿지 않아서도 아니고
전혀 모르는 어떤 곳도 아닌데
끈적이고 엉겨붙는 타르처럼
나를 옭아맨 지질한 습관들 생각들

정리하려 애를 써보고
맑은 유리알처럼 닦은 듯도 한데
아직도 어딘가에서
끈적한 애착을 탐하는
검은 유기 화합물

덩그렁 거리는 널판틈 메워서
반들거리는 나룻배 만들 듯
내게서 떼지지 않는 진득함을 이기면

크고 작은 상처에 금이 가고 벌어져
찬바람 들고나는 마음 틈을
꼼꼼히 메울 수 있을지도

고요하게 비워내기

쨍그랑거리지 않게

갖고 있던 껍데기들
스르르 흘러내리게

요란하지 않고
고요히 비워내어

끝내 고요함으로
한 점 빛이 되길

아무것도 아닌 어느 날

그때의 너도 생각나고
비는 추적추적 내리고
뭔가를 해야 하지도 않고
아무것도 염려하지 않아도 되는 건 아닌 오늘

아무것도 아닌 오늘이 되려나 보다

괜찮다

괜찮다
이젠 뭐 다 지나갔으니까

열정이 있어야 한다는 말도
아름답게 꾸며야 한다는 말들도
내겐 너무 어렵던
이십대의 청춘시절은 이제
다 지나갔으니까
괜찮은 거다

마음 느긋이
햇살 따사로운 벤치에 기대며
먼 산 그림자를 바라보는 거다

그렇게 가면

그렇게 간다
영원할 것 같던 미소 눈빛
카랑카랑한 목소리

언제든 먹을 거라며
창고에 채워둔 곡식 자루들
남겨진 그리움이 감돈다

이제 그마저도
내 눈에서조차 사라지면
고달픈 마음 기대던 언덕
그렇게 간다

가고 마는 거다
인생 하나

백억 년의 세월이

백억 년의 세월이
그 사람 안에 들어있었다

쌓이고 쌓인 유기물
역사와 진한 한숨이
몸 안에 가득했었더랬다

밤마다 몸부림치던 고뇌는
사그라지지 않고
지구처럼 영겁의 우주처럼
여전히 공기를 흔들며
차곡차곡 시간을 달려
세월을 만들었다

이제 다 사위어진 껍데기 육체는
지구보다 진한 세월의 무게

겨울밤에

밤이 드리워지고
아직 추운 겨울날에
보드라운 수건을 개어 넣는다

두툼한 내복을 챙겨 입고
깊은 잠으로 침잠할 때조차도
근심 어린 내일의 염려와
허기진 마음이 슬며시 고개를 들려 하지만

평안한 오늘에 안도하며
조용히 깊어져가는 한겨울 밝은 밤

누군가의 삶도 평안했으리라는
감사의 기도를 하며
오늘을 마무리해야겠다

나는 어느샌가 큰 그릇이 되어 있을까

무심한 흙덩어리 하나
뜨거운 태양빛의 열기로 돌려 빚고
수많은 담금질을 지나면

눈물의 질량이 팽창하고
부푼 공기는 저만치 물러나

어느 순간에
큰 그릇이 되어

바다가 담기고 산이 담기는
창조주의 큰 사랑을 알 수 있을까

오늘

이때나 그때나 지나갔다
그 언제든

하얀 셔츠를 입으며
봄바람을 맞이하던 시절도

빛바래고 낡아져서
미련 없이 셔츠를 버리는 오늘도
이제는 지나가버렸다

다시 오늘이 되어
망각되어 가는 아름다운 시절들

마음을 씻어낼 듯 시원한 바람은
변함없이 저만치서 불어오고

지금 이곳에서 나는
새로운 바람의 기억을 새겨야겠다

비 오는 날

비 오는 날
시린 내게 찾아오는
엄마 생각

잠은 오지 않고
이불깃만 머리까지 끌어올려
눈을 꼭 감고 있는데

검은 어둠 속에서
꿈결처럼 들려오는 엄마 목소리

이제는 부르면 대답해 주는 안방도
달려가면 볼 수 있는 고향집도 아닌

환하고 좋은 곳에서
세상 시름 다 떨치고

예쁘고 웃음 많던 시절
빛나는 모습으로
행복하게 계실 텐데

왜 자꾸만 엄마가 떠올라
어린애처럼 부르고 싶은지...

엄마 미안
오늘 밤만 잠시
내 맘속에 그려볼게

객이 되었다

객이 되었다
거친 들길을 걷고
광야를 헤매어
생명수 한모금을 갈구하는
허기진 인생이다

고향집을 찾는다
캄캄한 밤하늘에서 빛을 내는
작은 별을 바라보며
낯선 길에 멈춰선 채
어설프게 방향을 잡는다

뜨거운 태양빛을 피하고
머리 위를 맴도는 소리개를 쫓으며
언제 끝날지 모를
길을 걷는다

맘속 이야기

어딘가에서 맴돌고 있는
말 못한 이야기들

꺼내지 못한 이야기는 사라지는 걸까
아프고 시리던 서사
시간을 타고 흐르며 퇴색하지만
비밀인지 보잘것없는 풍문인지
입 밖으로 나오지 못해
마음 윗목에 켜켜이 쌓여만 가고

검은 밤 침잠의 시간에
홀로 씨름하고 할퀴고 나면
지평선을 트는 미명

오늘도 나오지 못하고
명치끝에서 응어리처럼 멈춰버린
속엣말 여섯 개

소라 껍데기

어디 먼데 소식인 양
너에게 귀를 기울인다

굴곡진 너에게서 들리는
먼바다 파도 소리

반짝이는 물결 일렁이는
넓은 바다 위로
한없이 노를 저어

꿈같이 넓고 푸른
너에게 가는 길

작다

내가 좋아하는

작은 별, 작은 새, 작은 삶, 작은 꿈, 작은 꽃, 작은 책,
작은 아이, 작은 행복, 작은 기쁨, 작은 사랑, 작은 기적,
작은 물고기, 작은 반짝임,

작은
너와의 기억

바람이 났었다

눈이 부신 아름다움에
설레는 마음 그대로
그곳에 달려갔었다

끝이 없는 미로
그 깊은 끌림에
앞을 못 찾아 헤매다가

기력이 쇠잔하고
지혜도 총명도 모두 잃은 채
이제 돌아가려 한다

낡고 허름하며 단조로왔던
햇살 좋은 마당 우물가
엄마의 곁으로

조그만 손을 모으고
우물가에 앉아
엄마를 하염없이 바라보며 조잘대던
그때 그곳

오후의 볕은 부드러웠고
봄기운 가득한 나물들이
윤슬을 일으키는 붉은 대야에서
엄마 얼굴처럼 말갛게
연두빛깔로 씻기고 있었다

꿈인지 소망인지
가늠할 수 없는 기억으로

기진한 몸을 일으켜
엄마 좋아하던 나물반찬 만들어 먹으면
이제는 돌아온 걸까
내 고향집

외로움에 관한 내공

이 세상 와서
외로운 사람이 어디 나 하나뿐일까
애써 다독인다

이렇게까지 외롭다는 건
이유가 있는 거라고
책을 넘겨 공부하듯이
마음을 들여다본다

개미 떼를 흩뜨린 어린 시절의 장난
시골마을 고여있던 또랑에서
개구리를 향해 던졌던 돌멩이들
마냥 싫었던 엄마 잔소리
질풍노도의 그 때

되돌리고 싶은 기억속에서
오롯이 홀로 사르는
무한의 시간

성탄절

크리스마스의 아침엔
어린 아이처럼
일찍 눈을 뜬다

이제는 산타의 선물을 기대할 리도 없고
하얀 눈으로 덮인 온 세상이
마냥 기쁘지도 않는데

세상의 중심인 듯
희생자의 생일을 기억하는
머릿속 어딘가의 메아리

붉은 피의 희생 제물
한 아기의 생일에
소중한 선물을 준비하여
순수의 하루를 맞이하라고
재촉하듯 울리는 온몸의 알림음

메리 크리스마스

J
the Flower
of Sharon
ㅎㅈ

네 번째,

곧 꽃이 피려나 봐

햇살이 너무 좋아
바람도 살랑살랑
부드럽게 코를 간질이고
문득 바라본 나뭇가지에
조그만 새순들이 올라오고 있어

눈이 스르르 감기려 해
이대로 공원 긴 의자에
잠시 기대앉아 볼까

너와 나의 봄이
다시 오고 있어

오늘의 슬로건

오늘은 웃기로 하자
조금은 남을 웃겨주기도 하고
내 얼굴엔
웃음을 칠하기로 하자

마음이 어두운 날

밝고 빛나게
내 안에 있는
모든 불을 켜자

가을 산책

폭신하고 기분 좋은
애착 신발을 신고
사부작사부작 걷는다

황금빛 햇살 한 올 놓칠세라
윙크도 아까운
가을 산책길

밝고 환한 그 빛이
선연히 계속됐으면 좋겠다

꿈결인 듯 걷다 보면
인생의 절정처럼
마음껏 노랗고 붉은 단풍빛에
내 인생도
예쁘게 물들었으면 좋겠다

그때 마음이 그랬어

그때 마음이 그랬어
조금 슬프기도 하고
조금 움츠러들어 있었지

아무렇게나 그럼 뭐 어때
내가 돋보일 필요는 없잖아
그냥 조용히
들숨 날숨을 쉬는 거야

신경 쓸 필요 없어
난 나대로
이 고요하고 자그마한 인생을
물 흐르듯 보내는 거야

너무 애쓰지 말자

이삿짐

가난한 추억 몇 개
차마 버리지 못해
손바닥으로 먼지 닦아
서랍장 한켠 깊숙이
다시 넣어둔다

언제쯤 다시 꺼낼지
가늠할 수도 없지만
버릴 수는 없는
다정하던 그 시절이 있었다

이제는 무심히 부를 수도 없을 만큼
잊혀 가지만
문득 가슴을 비집고 나온
애달픈 이름들

모두 모두 내 마음속에서
행복하게 반짝이며
살아내 주기를

코스프레

행복은 코스프레일까
입꼬리를 올릴 수 있는 일상을 추구하는
그들의 모습 따라하기

마음속 깊은 곳을 비추는
작은 반짝임 하나를 찾으려
동굴을 들춰보기도 하고
비탈진 언덕 높은 산을 올라
심호흡을 머금어도 보는
행복 찾기 퀘스트

찬바람이 살을 에일 듯 불어오는 오늘의 퀘스트는
따뜻한 이불 속에서 찾아보기로

홈쇼핑

어쩜 그리 말을 잘하는지요
한참을 넋을 놓고 바라봅니다
눈을 반짝이며 생글생글
내 그리운 친구인 양
그대가 반갑습니다

내 삶은 녹록지 않았어요
항상 굳은 입매로
나이가 들어가는데
그대가 반겨 맞아주니
마음이 들뜹니다

그대가 권하는 건 무언가요
나를 염려하는 그대를 위해
마음을 열어보려 해요

오늘도 나와 함께해 줘서
반가웠어요

겨울나무

너에게 줄 것이 너무 없다
베어지지 않은 허리에도
켜켜이 묵은 세월뿐

너에게 낮게 다가가
내가 가진 이것을 줄게
낙엽

살포시 덮어서
발끝 시리지 않게
모진 서리를 막아줄게

즈려밟힌 침묵으로
부서지고 녹아내려서
너의 양식이 될게

내가 알고 있는 사랑
모두를 줄게

꽃을 보내소서

꽃 한 송이가 곁에 있다면
든든한 오늘을 보내리라

눈길이 닿는 어느 곳에서
생경한 얼굴로 활짝 피어있는
네가 오롯이 보이면

반가운 친구를 만난 듯
가까이 다가가 표정을 살피고
미소를 한 움큼 펼치며
마음을 연다

나의 사랑하는 이여
나에게 꽃을 보내주오

한 발짝 나서면 보이는 들녘
어지러운 바람 속에서도
꽃들은 피어나고
눈을 맞추며 인사를 건네나니

흩트리는 머릿결 쓸어넘기고

말간 눈동자 마주하면

근심된 나를 잊고

온 맘 가득 채워지는 정수

낙엽

낙엽은 내 엄마 같다
엄마는 푸르던 잎사귀들을
떨구어 줘야 한다는 것을 알았다

긴 겨울이 찾아와도
외로이 떨지 않도록
남겨둔 사랑으로
언 땅을 덮었다

화려한 세상을 동경한 나는
눈부신 꽃과
넓은 잎사귀를 원했지만
엄마는 무수히 작은 잎들을 빚어
붉고 그윽하게 숙성시켰다

보석 빛깔 잎사귀가 눈에 들어
잡아보려 했지만
미련 없이 훌훌 몸을 던지고
이내 땅 색깔로 몸을 바꾸어
차가운 겨울 땅을
두 겹 밍크이불처럼 덮었다

엄마의 임종은
늦은 가을비 같은 눈물로
모락모락 슬픔을 더했다

생의 뜨락에서
낙엽처럼 손길을 흩뿌리더니
모여든 가족들은
겨울을 마주한 나목처럼
떨리는 울음으로
엄마를 떠나보냈다

엄마의 빈자리에
운명처럼 돌아오는
내 겨울 마음 땅은

엄마가 차곡차곡 재워 둔
두터운 낙엽이불을 덮어

웅크린 나를 보듬고 견디며
힘내라며 예쁜 꽃을 피울 거라며
다시 올 봄을 기다린다

가을 나무

반짝이고 두텁던 푸른 잎사귀들은
서늘한 공기에 제 몸을 부비더니
빨갛게 모양내어 치장하고
눈부시게 뽐을 낸다

미끈한 팔을 뻗어
높이 들린 하늘 위로
한두 소절 읊조려 바람을 부르고는
미련 따위 없다는 듯
아름답게 꾸미던 금장식을
제 발밑으로 후르르
떨구어낸다

애간장 태우며
한잎 두잎 세잎
걸어가는 발자국 위로 떨어지면
왜 내 마음이 쓰린 것이냐

인생길 모퉁이
지나가면 쌓이는
미련과 후회와 찌들은 기름때

아무것도 버리지 못하는
나는 어쩌란 말이냐
너만 나목으로 날씬해질 테냐

미련 없이 다 버리고
아름다운 너

넌 외롭지 않니

그리운 내 친구야
넌 언제 외로워?

조용한 하루가 지나고
해가 지려할 때
넌 외롭지 않니?

겨울의 끝자락
깊은 밤 한가운데
기댈 곳 없는 가난한 마음
나누지 못해 추워질 때

넌 어떠니
외롭고 고단하지 않니?

하늘의 뜻을 안다는 삶을
이만큼 살아왔는데도
여전히 외로운 마음이 드는 건 왜일까

내 지혜로운 친구야
너는 외롭지 않니?

밥 먹자

힘든 하루
신경은 곤두서고
머릿속 맴도는 단어들
의미 없이 가시가 돋쳐
꼬리에 꼬리를 낚아챈다

시선에 베일 듯
긴장을 뿜어내는
날카로운 눈빛

어디서부터 잘못된 걸까
온통 꼬이고
널브러진 매무새

명료한 단 한 가지

밥을 먹는다
한톨한톨 윤기흐르며
하얀 김이 올라오는
밥 한 그릇

나무그늘 아래

촘촘히 살랑거리는 잎사귀
넓게 벌어진 가지
든든한 밑둥

껴안고도 싶고
높이 올라가고도 싶고
얇은 가지를 꺾어
예쁘게 장식하고도 싶고

손으로 껍질을 부비면
향기가 날 듯도 하고
잎새 하나를 잡아
빙빙 돌려보면 좋겠는데

흠

일단 나무그늘 아래
가만히 앉아있기로

눈

덮어지려 한다
하얗게 흔적도 없이

하늘로부터 저 땅끝을 뒤덮으려
우르르 쏟아진다

무한의 시간처럼
무한의 공간이 되어
자아를 찾지 못해
방황하는 눈들은

이리저리 휘몰아치며
제 몸을 덮는다

그저 그런 편

빨강 노랑 파란색을 좋아하고
쓸데없는 수다를 늘어놓고
대수롭지 않은 일에 감탄하며
혼자 잘 노는 편

들꽃에도 찬사를 보내고
아침 이슬 반짝임에
한없이 감격하는 편

난 줏대 없이
누구나의 편

맘에 안 들면
잘 삐치는 편

온통 마음을 주다가
실망하면 미련없이
돌아서는 편

너무 우아해도
넌더리를 내는 편
그저 한없이
평화를 추구하는 편

조금은 재미가 없는
그저 그런 편

기쁘게 웃으면 됐다

네 미소를 보고 싶었다
반짝이는 순간을 기억하고 싶었다

눈망울이 빛나며 볼이 동그래지는 한순간
순수로 채워진 귀여운 얼굴을 보게 되는
마법의 시간

세상에 존재하는 행복의 문들이 열리고
알고 있던 꽃들의 얼굴과
밤하늘에 빛나던 별들이 답한다
이제 된 거라고
이걸로 족하다고

네가 웃으면 된 거다
나도 웃으면 된 거다

거리에서

붓지는 않았지만 주름진 얼굴
성실하게 삶을 살아낸 얼굴이다

수수하고 멋 낸 것 없이
물기를 빼낸 나물처럼
정갈해진 매무새
몸에 살이 없어서
거추장 거릴 것도 없다는 듯
툭툭 거리를 걷는다

붓지는 않았지만
밤새 상념에 뒤척인 듯
눈 밑이 거뭇하다
진실하게 삶을 살아낸 얼굴이다

아름다움이란 무엇일까

마르고 간소한 그녀에게
찬사가 흘러나온다

작고 소중한 생

맑고 환한 오후의 볕
신작로에는 간간이 자전거가 따릉거려서
키 작은 아이는 계속
엄마 치맛자락을 붙들어야 했다

아이는 자라났고
도시에 닿아있는 신작로 길 끝 밟으며
한걸음 한걸음 나아가다가

눈을 매료시킨 허상에 걸려들었다
영혼을 흔드는 화려한 바람에 나부껴
기웃거리는 풀벌레처럼 거미줄에 얽혀버리고

땅을 벗어난 허무한 몸부림에
당겨 받아주는 무게가 실려
어느덧 내려앉은
보드랍고 낮은 땅

손을 짚으며 감긴 흙을 움키다가
이제야 생생히 눈을 뜨는
작고 소중한 생

별 하나
___

문득 떠오른 고뇌 하나
답도 없는 어느 깊은 밤엔
조용히 눈을 감으며
별 하나를 그려본다

융단 같은 검은 하늘에
작고 반짝이며
얼굴을 마주하는 작은 별

검은 창공을 접어
너에게 맞닿으면

답은 이제 필요 없이
유유히 흐르는 은하수

작은 물고기에게 비쳐든 별빛

물고기처럼 눈을 뜨고 그대를 본다

초판 1쇄 발행 2025년 8월 20일

글·그림·사진 이 어
디자인 이 어
편집인 이현주
출판사 별하나책하나
주　 소 전북 익산시 함열읍 함열10길 26, 2층
등　 록 제25100-2025-000005호
연락처 010-3456-2741
이메일 hayaoh@naver.com

ⓒ이어, 2025. Printed in Korea

ISBN 979-11-993660-2-2 03810

이 책은 저작권법에 따라 보호를 받는 저작물이므로
무단전제와 무단복제를 금합니다.